LA CHASSE A LA HAIE.

CET OUVRAGE SE TROUVE

A PARIS,

Chez POTIER, quai Malaquais, 9;
    Mme Ve BOUCHARD-HUZARD, rue de l'Éperon, 5;
    AUBRY, rue Dauphine, 16;
    DEMOULIN, quai des Augustins, 13;
    H. BOSSANGE et fils, quai Voltaire, 25 (pour l'étranger).

A LONDRES,

Chez DULAU et Cie, Soho square, 57.

La Chasse
à
La haie.

LA
CHASSE A LA HAIE,

PAR

PEIGNÉ DELACOURT.

PARIS

IMPRIMERIE DE MADAME VEUVE BOUCHARD-HUZARD,

RUE DE L'ÉPERON, 5.

MDCCCLVIII

AVANT-PROPOS.

Un bon curé normand, Louis Gruau, s'exprimait ainsi dans la préface d'un livre qu'il composa, en l'an 1613, à Sauges, au diocèse du Mans, *sur une nouvelle invention pour détruire les loups de la France* (1).

« Amy lecteur, je te prie de recevoir ce petit œuvre en bonne part, et ne t'offenser point, s'y tu n'y trouves termes selon l'art, c'est pour autant que ce n'est « mon exercice, comme m'estant par saincts Canons desfendu, mais bien me « suis-je occupé de descrire et faire practiquer celle que je trouve par descrets « m'estre permise (2). »

Ces familières apostrophes ont, depuis longtemps, cessé d'être de mise, et pourtant entre auteur et lecteur, si l'ouvrage est goûté, ne s'établit-il pas une intimité réelle? Si cette liaison a bientôt disparu, si l'auteur est oublié, la faute en est à son livre. Aux rares chefs-d'œuvre de l'esprit humain qui réunissent et les grâces du style et l'intérêt du sujet, appartient seulement le privilége de fixer les souvenirs et de mériter ces attachements fidèles, ces amitiés si souvent invoquées par les auteurs et si rarement accordées par le public.

(1) In-12, Paris.
(2) Ponere laqueum sive rete, sine clamore, cornibus et strepitu, licet clericis, etiam monacho, quia est genus piscationis potius quam venationis.

1

La crainte du maître est le commencement de la sagesse. Suivant ce précepte les écrivains sont rentrés maintenant dans les limites du respect et des convenances, du moins quant aux allocutions qu'ils adressent aux lecteurs dans leurs avant-propos, introductions ou préfaces, ces asiles naturels des précautions littéraires.

Je me tiendrai dans cette réserve en faisant appel à l'indulgence des personnes qui parcourront ce mémoire, *où je traite uniquement des moyens de capturer, à l'aide de haies, le gros gibier* et les grands animaux carnassiers et déprédateurs.

Comme je me suis cru permis de décrire un procédé de chasse, bien que mes goûts et mes occupations m'aient toujours éloigné de cet amusement, par ce motif, je dirai comme Louis Gruau, *s'il se trouve en mon œuvre quelques termes qui ne soient pas selon l'art, je prie qu'on ne s'en offense point, ce n'est point mon exercice.*

En effet, s'il faut être veneur pour traiter de la chasse,

Je n'en avais nul droit, puisqu'il faut parler net.

L'occasion m'a tenté. En fouillant dans les vieux titres de l'Abbaye d'Ourscamp, que j'aime, comme *Old Mortality*, le vieillard des tombeaux, aimait les sépulcres brisés et les ruines des chapelles et manoirs de l'Écosse, j'ai rencontré divers passages sur les anciens droits d'usage, en fait de chasse aux haies. Je présente ici le résultat de recherches dont j'ai recueilli, par avance, la meilleure récompense : à savoir, le délassement du travail et la distraction momentanée du souci des affaires.

J'avais eu la pensée de dédier ces pages aux chasseurs et aux antiquaires, j'y ai renoncé, craignant de paraître désireux de forcer l'attention par la bizarrerie du rapprochement.

Quant aux dédicaces elles-mêmes, la réclame les a tuées ; l'excès de la louange, à l'endroit du protecteur, leur avait déjà beaucoup nui. Maintenant on s'adresse au public en masse ; mais ces protecteurs anonymes esquivent les grands coups de filets, *qui trop embrassent pour bien étreindre*. N'a-t-on pas vu, de nos jours, des offrandes banales et mercantiles adressées à la fois aux jeunes et aux vieux, aux deux sexes, aux malades et à ceux qui ne veulent pas le devenir, etc., à tout le monde enfin ?

Il n'y a plus de Mécènes aujourd'hui, précisément parce qu'on en veut trop avoir ; ce qui me rappelle le mot d'une vieille servante picarde, à l'esprit gaulois, fille fort pieuse assurément, mais qui s'obstinait à ne point assister aux offices de la Toussaint : *Qu'irais-je leur demander*, disait-elle, *à tous ches saints ? y se rattendront tous l'un sur l'autre, et ne feront rien pour mi.*

Cependant il se trouve que le sujet qui m'occupe touche en même temps à l'art du chasseur et au domaine de l'archéologie. Les chasseurs et les antiquaires sont gens qui d'ordinaire ont des allures bien différentes et ne suivent pas les mêmes voies. Mais il existe entre eux un trait d'union, un point de contact obligé, il est une qualité, enfin, qui leur est nécessaire aux uns comme aux autres. Je veux parler de *la sagacité*, de ce bon sens raffiné, sans lequel il n'y a pour eux nulle chance de succès.

Si de savants archéologues ont pu faire revivre en leur entier les inscriptions à demi détruites des arcs de triomphe des Romains, à la seule inspection des points d'attache, pour les différentes lettres qui les composaient ; ne voit-on pas le Mohican sauvage, et le paysan le plus simple, s'il est chasseur, trouver en ses instincts, au moment donné, d'admirables ressources de tact et d'intelligence en matière de chasse ?

Le dernier des braconniers n'est-il pas en lutte perpétuelle de ruses et de finesse avec les gardes et le gibier ?

Zadig eût été, sans contredit, bon chasseur et non moins habile antiquaire (A).

Quant aux studieux amis de la science archéologique, leur bienveillant concours ne m'a pas fait défaut ; aucun d'eux, parmi les plus renommés, ne m'a laissé attendre l'appui d'un bon conseil, et le précieux secours d'une sage critique. Je les prie de recevoir ici l'hommage de ma cordiale gratitude.

L'éveil une fois donné sur le point que j'ai traité, il me viendra, je l'espère, de nouveaux renseignements qui fourniront à cette première ébauche la force et le fini qui lui manquent.

Ourscamp, 15 décembre 1857.

PEIGNÉ DELACOURT.

LA CHASSE A LA HAIE.

Dès l'origine de la société, l'homme, aux prises avec les nécessités impérieuses de la vie, tourna les premiers efforts de son génie vers deux industries congénères, la chasse et la pêche.

Toutes deux, quand l'agriculture et l'entretien des troupeaux étaient encore inconnus, suppléaient à l'insuffisance des productions spontanées du sol.

La science qui confie la semence à la terre, et l'art de réduire certaines espèces d'animaux à la domesticité, procèdent de la réflexion et de la prévoyance. Il était plus facile pour nos premiers pères, plus conforme à leur désir naturel de jouir sans longue attente des profits de leur travail, de s'attaquer d'abord aux proies qui s'offraient d'elles-mêmes à leurs appétits. Aussi furent-ils d'abord chasseurs, quand ils séjournèrent au milieu des terres ou dans les forêts. Près de la mer et sur les bords des fleuves et des cours d'eau, ils s'adonnèrent nécessairement à la pêche.

Leurs premiers essais furent, sans doute, fort grossiers et très-imparfaits, mais on peut affirmer que dès l'abord ils portèrent la marque d'une appropriation réelle au but qu'ils se proposaient. Ne voit-on pas les habitants sauvages des îles les plus écartées, munis d'engins de chasse et de pêche, qui décèlent sous des formes souvent bizarres un merveilleux instinct et une grande habileté relative. Finalement ils savent parfaitement arriver au succès dans leur œuvre.

J'ai pris spécialement la chasse pour objet de cette étude, tout en reconnaissant que de nombreuses analogies la relient à la pêche, quant aux procédés mis en pratique et au point de vue technique ; ce sont, en effet, les deux branches d'un même art.

Je n'ai pas l'intention d'ajouter un nouveau livre aux nombreux traités de cynégétique ; il ne s'agit ici que de la chasse sans chiens et sans chevaux, sans filets et souvent sans armes, telle, enfin, qu'elle dut être pratiquée lorsque les hommes au début de la civilisation, pourvus à peine des premiers instruments de travail, avaient à lutter à la fois contre les instincts de défiance et l'extrême agilité du gros gibier, et contre les attaques incessantes des animaux carnassiers.

Pour se défendre de ces derniers, l'obstacle le plus simple était la *fosse :* ce fut le complément obligé des plus anciennes habitations.

La *fosse* servit aussi de piége, et maintenant encore, les Arabes, conservateurs des procédés domestiques qui se transmirent chez eux d'âge en âge, suspendent un quartier de chèvre aux branches basses d'un arbre, au pied duquel ils creusent une fosse profonde.

Quelquefois, un chevreau vivant est attaché, à fleur de terre, à un piquet qu'on a soin de placer au point central de l'appareil.

Les lions, les tigres, attirés vers ce point par l'appât, s'élancent d'un bond vigoureux pour saisir une proie tenue à cette longue portée. En retombant de tout leur poids, augmenté par la chute, sur un plancher très-léger, couvert de gazon, ils l'effondrent, et tombent engloutis dans l'abîme.

S'agit-il de prendre un sanglier, on place sur la voûte fragile une gerbée ou du grain ; le piége est entouré d'un bourrelet formé d'une rangée de fagots d'épines couchés en travers. L'animal va d'un élan, et comme en ricochant, se jeter à plein corps dans la fosse fatale.

Les Indiens emploient, de temps immémorial, des embûches analogues pour la capture des éléphants mâles ; ils les attirent au moyen d'une femelle qu'ils ont soin de tenir enfermée dans un enclos fortement palissadé. Cette enceinte est elle-même entourée d'une tranchée profonde ; la faible voûte qui la recouvre, formée de branches et d'une couche de terre, cède bientôt sous leur énorme masse.

Une fois enserrés dans la fosse, on les tue sans danger, ou bien on les réduit, à volonté.

Ces moyens sont basés, comme on le voit, sur un entraînement excité chez les animaux dont on veut s'emparer ; mais il est certaines espèces qu'on ne saurait attirer par ces moyens. Pour arriver au même résultat, il fallut user d'un artifice complémentaire ; il consista dans l'agencement de passages disposés de façon à conduire le gros gibier vers les points préparés pour sa destruction ou sa captivité.

On trouve dans la Bible les premières indications tant sur les *fosses* que sur les procédés accessoires employés dès lors par le peuple d'Israël, comme aussi dans toutes les régions de l'Asie.

On lit, en effet, au second livre des *Rois*, au sujet d'Absalon, que son corps étant resté suspendu par les cheveux au chêne où Joab l'avait percé de coups, des soldats, qui le virent, l'enlevèrent et le jetèrent dans une grande fosse qui était dans le bois ; sur ce sépulcre, ils apportèrent un grand monceau de pierres (1).

Ici, le mot *fovea* me paraît désigner une fosse destinée à la chasse, car la même expression se retrouve avec pareille signification dans les prophéties d'Isaïe (2) : « L'effroi, la fosse et le piége vous sont réservés, habitants de la terre : celui que l'effroi aura fait fuir tombera dans la fosse ; celui qui se sera sauvé de la fosse sera pris au piége... »

Il est un psaume (3) où le mot *fosse* est employé comme figure et comme proverbe : « Le méchant a creusé la fosse, il y est tombé le premier (4). »

Ce n'était pas seulement par les cris, *vores*, qu'on effrayait le gibier ; on établissait de véritables barrières au moyen d'un artifice très-simple.

Oppien le décrit dans son poëme sur la cynégétique (5). Pour écarter les bêtes des points où elles auraient trouvé des issues, on suspendait aux branches des arbres, ou à des piquets placés de distance en distance, des cordons auxquels on attachait des plumes d'oiseaux à couleurs vives ; le vent les agitait : cet épouvantail suffisait parfaitement pour exciter les défiances du gibier. Il était tout à fait

---

(1) Et tulerunt Absalon et projecerunt eum in saltu, in foveam grandem et comportaverunt super eum acervum lapidum magnum nimis. Cap. XVII, 18.

(2) Formido, et fovea et laqueus super te qui habitator es terræ..., qui fugierit a voce formidinis cadet in foveam, et qui se explicaverit de fovea tenebitur laqueo. Cap. XXIV, 17, 18.

(3) Ps. 7, vers. 8.

(4) Lacum aperuit et effodit eum, incidit in foveam quam fecit...

(5) Κυνηγετικῶν, lib. XI.

inutile que le poëte grec s'ingéniât à trouver uniquement dans l'odeur fétide des plumes de vautour qu'on employait d'ordinaire la cause de cette répulsion.

Les *haies vives*, ainsi que les *haies sèches*, formaient un obstacle bien autrement difficile à franchir si, d'ailleurs, aux spectres qui viennent d'être mentionnés, on joignait les *fossés*, qui devaient empêcher l'abord de la barrière. On a dû, sans contredit, employer, dès les temps les plus anciens, la haie et le fossé réunis et formant rempart, pour amener le gibier aux piéges. N'était-ce pas le procédé le plus à portée des habitants de ces immenses espaces couverts de forêts, ainsi qu'on doit se représenter le nord de l'Europe? La fosse avait, du reste, suivant la remarque de Samuel Pegge, l'avantage de la durée, chose importante dans les lieux où la terre est endurcie par la gelée pendant une partie de l'année.

Sans doute, au centre de l'Asie, aux lieux mêmes que la douceur du climat et la prodigieuse fertilité naturelle du sol désignent comme étant le berceau de la race humaine, la terre avait dû se présenter, aux époques les plus reculées de la création du monde, couverte d'une végétation désordonnée. Mais, depuis longtemps, la culture avait façonné cette portion de la surface du globe : déjà ces contrées avaient un passé, des annales d'une antiquité vénérable, et le pied de l'homme n'avait pas encore foulé cette partie du monde où se trouvent aujourd'hui l'arsenal des sciences et des arts et le foyer de la civilisation.

On a pu fixer, sans certitude il est vrai, mais non sans raison, à vingt siècles environ avant l'ère chrétienne, l'époque à laquelle les régions du nord de l'Europe ont commencé d'être habitées. Les données de l'histoire et les monuments informes dont nous voyons encore debout quelques échantillons plus ou moins conservés s'accordent avec cette supputation.

Nous ne saurons jamais quels puissants mobiles, soit les fureurs de la guerre et les lourdes chaînes de la tyrannie, soit l'exubérance d'une population avide de trouver le repos et la liberté dans le travail, entraînèrent les habitants des régions fortunées de l'Asie tempérée à traverser des espaces immenses pour venir occuper des lieux où la rigueur des saisons commandait tant de soins pour le vêtement et l'habitation, et où le sol lui-même ne livrait ses richesses qu'au prix du travail le plus pénible.

Les découvertes de la philologie comparée ont démontré qu'il faut aller chercher dans le sanscrit et les idiomes de la même famille l'origine des principaux groupes de langues parlées en Europe, et en particulier celle des idiomes germaniques.

Parmi les radicaux communs aux langues dérivées du sanscrit, il en est un, *harv* ou *haw*, qui signifie l'action de séparer par un instrument aigu ou tranchant.

Par adoucissement de la finale du mot, on arrive à *hag* ou *hay*, qui entre comme racine dans les différentes désignations de la *haie* (1).

Houwen, en vieil allemand, *hauen* dans la forme moderne, signifie couper, *cœdere*.

Le fruit de l'épine porte le nom de *hague* en Normandie, et de *hâgan* en Bretagne. L'épine est l'arbre qui se prête le mieux à la taille et forme les haies les plus impénétrables ; les aiguillons dont il est armé ajoutent à sa force. En allemand, *hagedorn* est l'aubépine, *dorn* est l'aiguille, l'épine ; *hagebuche*, le charme ; *hagapfelbaum*, le pommier sauvage ; *hage-reiter*, est le garde-bois ou le garde-chasse.

Le mot latin *haga*, haie, ne date que du moyen âge ; les Romains ne connaissaient que celui de *sepes*, *sepimentum*, auquel se rapportent *separare*, *sepelire*, *seponere*, *sepulcrum*, etc. Le nom de haie est donc vraisemblablement passé des langues germaniques dans le reste de l'Europe.

Or les anciens Germains, ainsi que les Gaulois, vivant clair-semés au milieu d'immenses espaces dont ils ne cultivaient que des portions suffisantes pour leurs approvisionnements, sans qu'il y eût de délimitations spéciales, il en résulte que le nom même de la *haie* désigna d'abord, chez ces peuples, une barrière établie dans le but de la chasse, expression qui s'appliqua, plus tard et par extension, aux clôtures arborescentes des champs, des bois, et généralement de tous les domaines ruraux.

Ph. Cluvier rapporte un passage de Polybe (2) dans le texte de son livre *De Germania antiqua* (3), où il relève également les opinions semblables de César et de Tacite, sur le goût prononcé des Germains pour la venaison fraîche et l'emploi qu'ils faisaient des fosses pour s'emparer du gros gibier (4).

Quelles furent et la forme et la figure géométrique des haies de chasse primi-

---

(1) Anglais, *hedge* ; islandais, *hagi*, etc. Je dois ces rapprochements étymologiques à l'obligeance de M. Alfred Maury, mon savant confrère à la Société impériale des antiquaires de France.

(2) *De Gallis italicis*, lib. II.

(3) P. 129. Ne agri quidem modum certum aut fines proprios quisquam habebat, sed arvis per annos mutatis, ut supra cap. XIII, ex Cesare ac Tacito didicimus.

(4) Vita omnis Germanorum inventionibus atque in studiis rei militaris consistit. (Noster Tacitus in libro *de Germania*, et Cesar *De bello gallico*, VI)... quoties in bello ineunt, multum ve-

tives? Je suis bien obligé de convenir qu'il ne m'a point été possible de trouver, parmi les auteurs anciens, les descriptions que j'y ai cherchées avec tout l'empressement que comportait mon vif désir d'obtenir l'appui décisif de quelque texte irrécusable.

De ce fait, résulte-t-il qu'on doive reléguer parmi les rêves de l'imagination les détails qui vont suivre? Qu'il me soit permis de prier les lecteurs, mes juges, de réserver leur opinion jusqu'à plus ample informé.

D'ailleurs, le champ des études est si vaste que la récolte n'y finit jamais, et, quelque jour peut-être, une phrase, une ligne, exhumées de quelque texte authentique, viendront fournir au système que j'expose toute l'autorité que je ne saurais lui donner moi-même.

Les écrits des anciens, relatifs à la description des diverses industries, sont loin d'être nombreux et explicites; il me serait facile de citer plus d'un instrument dont l'usage, à coup sûr, doit remonter à la plus haute antiquité, et dont on ne trouve aucune mention, si ce n'est à des époques relativement très-modernes.

Pour ce qui concerne les haies de chasse, je regarde, comme rigoureusement obligée leur disposition *en fourche*. Deux lignes écartées, puis se rapprochant de façon à ne laisser qu'un passage étroit à leur extrémité, là où se trouvait placé le piége, telle était, à mon sens, la disposition invariable de l'appareil lui-même dans sa plus ancienne forme. N'avons-nous pas, au nombre des engins qui servent à la pêche, *la nasse et le verveux*, dont le système est absolument identique à celui des haies de chasse? Pourquoi ne citerais-je pas aussi les piéges destinés à prendre les rats et les souris? Le génie de l'homme n'éclate-t-il pas dans l'invention de ces humbles artifices aussi bien que dans les grandes œuvres dont nos yeux surpris admirent les vastes proportions autant que les combinaisons savantes? Le jour où furent inventés ces engins si simples, et pourtant si parfaits qu'on n'y saurait rien ajouter, le domaine de l'industrie n'avait-il pas acquis un accroissement utile? Qui pourrait assigner une époque à leur invention? Ne sent-on pas, à leur extrême utilité, que ces instruments de succès, dans la guerre incessante où l'homme a toujours la victoire, ont dû lui servir dès le commencement de la lutte? De ceux-ci,

---

natibus, plus per otium transigunt..., lacte, caseo, agrestibus pomis *atque recenti fera* utuntur. Magna vis est urorum... *hos studiose foveis captos interficiunt*... Les Germains se servaient seulement de flèches. *Sola in sagittis spes.*

comme *des haies de chasse*, on s'est longtemps servi sans les décrire, et, quand vint l'époque où l'on s'occupa de ce soin, depuis bien des années le mode de chasse à la haie, qui appartient surtout aux lieux où l'homme tient à sa disposition de vastes étendues de terrain, s'était éclipsé peu à peu et au fur et à mesure de l'accroissement de la population, et du morcellement du sol qui en est la conséquence.

Aussi, lorsqu'au xive siècle Gaston Phœbus, comte de Foix, écrivit ce livre si célèbre qui porte le nom de *Miroyr des déduits de chasse*, le chapitre qu'il intitula *Moyens de fere hayes pour toustes bestes* ne contient qu'un reflet bien modifié de ce qu'était la *chasse à la haie*, dans sa signification primitive.

L'auteur, en homme expérimenté, fait un récit animé du mode de capture alors employé pour détruire *les animaux féroces et malfaisants, et aussi les bêtes doulces et saulvages*. Des traqueurs rangés en demi-cercle, menant grand bruit de la voix et du cornet, dirigeaient le gros gibier vers une haie d'un seul alignement, où, d'avance, on avait préparé de nombreux pertuis garnis de filets parfaitement masqués.

Les animaux effarés se précipitaient vers ces issues. Enveloppés dans les poches des *rais*, ils tombaient sous les coups d'hommes apostés derrière la haie et faisant, par conséquent, le *guet à pans*... Au plus étroit passage, on préparait en quelques cas un fer aiguisé implanté à l'extrémité d'une branche qu'on maintenait courbée au moyen d'un lien que l'animal brisait facilement en forçant l'obstacle. La branche faisant ressort se projetait en avant et lançait l'arme en plein corps de la bête. On nommait cet engin le *dardier*.

« Ces captures *par engins* ne valent pas, dit l'auteur, les beaux déduitz de la « chasse à courre et à force qui plaisent tant aux bons veneurs ; il faut en laisser « l'usage aux vielz et aux gras..., » à toutes gens enfin qui redoutent la fatigue et la peine. (*Voir* le dessin, page 12.)

J'ai fait reproduire un dessin de l'ouvrage de Phœbus. Le filet est attaché, par des cordes, à deux troncs d'arbres. Le sanglier, pris dans ce qu'on nomme la *poche du rais*, est mis à mort par un valet.

Si Phœbus en parle, c'est « *mal voulentiers ;* » car il ne devrait enseigner « *à prendre les bestes, ce n'est par noblesse et gentillesse.* »

Comme on le voit, cette chasse, telle qu'elle est ici décrite, demandait un grand appareil et le concours d'aides nombreux.

Le principe de la haie en fourche ou en V n'était plus en usage au moyen âge ; les raisons de cette transformation dans le mode sont faciles à saisir.

Les grands espaces de terrains boisés (je parle ici seulement de l'Europe centrale

et du Nord, mais ce que je dis à leur égard s'applique à tous les lieux où les circonstances furent identiques), après avoir été d'abord à la disposition des premiers occupants, et considérés comme propriétés communes, *sylvæ communes*, réglés pour les droits d'usage, par des règlements spéciaux, comme on le voit dans le texte de la loi Gombette et de celles des Burgundes, Ripuaires et Visigoths, devinrent, avec la succession des temps, l'apanage des princes et des grands seigneurs, qui, dans le cercle de leurs priviléges, comptèrent la chasse au nombre de leurs droits les plus précieux. On les voit, en toute occasion, défendre avec vigueur, et souvent avec âpreté, ce produit alors important de leurs fiefs.

Au point de vue féodal comme pour l'administration, la pêche fut réunie à la chasse : *les eaux et forêts* formèrent une catégorie particulière ; on régla la *glandée*, le *panage*, l'*affouage* et ce qu'on nommait le *caplim*.

Mais bientôt, sous l'empire des besoins d'une population qui croissait incessamment, et des énormes défrichements opérés par l'influence de la civilisation des Romains, qui se répandit avec leurs conquêtes nombreuses, et, plus tard, par les anachorètes du vii⁰ siècle, puis enfin par les moines aux xii⁰ et xiii⁰ siècles (1), l'éten-

(1) On n'ouvre pas un Cartulaire d'abbaye sans y rencontrer, maintes fois, des dona-

due du sol forestier diminua très-notablement, et le bois, trouvant un emploi, forma la source d'un revenu qui détermina les possesseurs des forêts à donner des soins à leur aménagement. On pratiqua des routes pour faciliter l'exploitation. On déblaya le terrain des buissons et des broussailles qui l'encombraient ; les arbres morts de vétusté cessèrent de joncher le terrain de leurs débris.

Comme on fréquentait davantage les bois, le gibier, qui recherche la solitude, abandonna ces lieux ; il était, d'ailleurs, plus facile de le relancer dans les fourrés jusque-là presque impénétrables. Les bois perdirent cet aspect sauvage et négligé qui leur donnait un air de ressemblance avec les forêts vierges de l'Amérique.

Dès lors, la chasse à courre prit exclusivement le caractère d'une joute fertile en émotions, brillante en ses ébats, et réservée pour les plaisirs des riches de la terre, mais ce n'était plus la guerre faite uniquement en vue de se procurer cette chair nourrissante, si nécessaire aux besoins de l'homme. La venaison servit seulement alors d'appoint pour la nourriture de la nombreuse domesticité du seigneur, *de sa maisnie*. On ne présentait à la table du maître que les morceaux du premier choix.

La distinction entre la chasse utile et la chasse de pur agrément se reconnaît précisément aux moyens employés pour arriver à s'emparer du gibier.

Il faut nous pardonner, à nous qui, par état et par position, voyons les choses au point de vue du coût et du produit, d'avoir porté notre pensée vers une époque où le noble et royal plaisir des temps actuels n'avait pas encore pris la place de la *chasse faite uniquement en quête de la venaison*, et de nous rappeler enfin, pour un moment, l'apologue de La Fontaine, intitulé *le Jardinier et son seigneur*. (Note B.)

La chasse à la haie, aujourd'hui même, est encore pratiquée vers les confins du monde, au nord de la Russie ; elle y a conservé le caractère de rusticité qui fournit un tableau fidèle de ce qu'elle fut autrefois dans les régions plus tempérées, où maintenant on l'a complétement délaissée.

Une peuplade voisine de l'Océan boréal, ainsi que le rapporte M. J. La Vallée (1), celle des Siriânes, qui habite l'embouchure de la Léna, use, pour la chasse, d'un artifice qu'il décrit en ces termes : « On construit, à l'aide de branches et de troncs « d'arbres, de longues murailles qui, parfois, n'ont pas moins d'une verste d'éten-

tions de forêts, faites par des seigneurs, sous condition de les défricher, *ad essartandum.*
(1) *Journal des chasseurs*, t. XX, 1855, p. 170.

« due (la verste 959ᵐ,23). Assez éloignées l'une de l'autre à l'origine , elles vont en
« se rapprochant sans cesse et aboutissent à une fosse profonde de deux ou trois
« sagènes (2ᵐ,13). De distance en distance, on pratique , dans la muraille , des pas-
« sages où l'on creuse également des fosses; on en dissimule l'entrée à l'aide de
« branchages , de mousse et de neige , lorsque la terre en est couverte. »

Je vais rapporter les passages des auteurs anciens ou des titres et documents dans lesquels j'ai trouvé des expressions qui ont trait, à mon avis, *à la chasse à haie*.

Je ne me dissimule pas le danger de ces excursions dans le domaine de la philologie, et des origines étymologiques. Je sais que c'est un chemin parsemé de chausse-trapes ; et si je m'y hasarde , il faut, qu'on le croie bien, que la nécessité du sujet m'y contraigne. C'est, pour moi, le seul moyen de fournir des explications suffisantes et d'arriver au but en exposant les détails qui ont formé le faisceau des arguments sur lesquels est basée ma conviction.

Le procédé qui fut employé dès la plus haute antiquité, et principalement par les habitants du nord de l'Europe dans la région tempérée, présentait un caractère particulier. Chez les Germains, le besoin d'avoir à leur disposition de la venaison fraîche les conduisit à se ménager un lieu de réserve , que nous trouvons désigné dans le vieil allemand sous le nom de *pferch* (*locus septus*), enceinte pour le gibier, désignant également aujourd'hui le *parc à moutons*. Les Latins n'usaient pas de ce mot , qui n'est entré dans la langue française que par la transformation de l'expression germanique.

Le vieux français a tiré de là le mot *parchoys*, échalas pour la vigne , par ressemblance avec ceux dont on se servait pour la clôture des parcs ou des haies à gibier.

On trouve, dans la basse latinité, le nom de *maceriæ*, en vieux français *maisières*, donné aux cloisons ou *palis hourdés* faisant partie des constructions. On garnissait de mortier les entre-deux de ces *pans*. On voit que les mots de *maisons* et de *maçons* viennent de là.

Devoir le parc, fut une des charges imposées aux vassaux, et ce droit, si souvent relaté, avait une importance qui démontre que son acception comportait une obligation plus lourde que celle d'entretenir le parc entourant l'habitation du seigneur. Dans le sens que nous donnons aujourd'hui à ce mot, *devoir le parc* s'entendait, à mon avis, non-seulement de la confection et des réparations des haies de chasse, mais aussi de la corvée des *wests* ou des *haées*. Plusieurs lieux situés aux abords des forêts ont pris de là le nom qu'ils portent, notamment en Normandie.

Une des charges imposées aux vassaux consistait dans le service de *plesser* (1), ce qui ne devait pas s'entendre, dans le principe, des haies seulement, mais aussi de l'obligation du cri et de l'usage du cornet de chasse. La généralité et l'importance de ce droit et la nécessité de ce concours servile prouvent en faveur de l'opinion que j'émets.

Les haies de Normandie étaient autrefois accompagnées de fossés, ainsi que l'indique le nom de *fosses* qu'on donne maintenant aux murs de terre surmontés de rangées de charmes ou d'ormes, formant les enclos qui entourent les fermes, bien qu'il n'y ait plus aucune trace de fossés.

Après quelques années de travail, la pousse annuelle des rameaux augmentait notablement la force de ces barrières.

On lit sur un titre de l'année 1317 : « Pourra la comtesse de Roucy, *haier et faire haies pour la chasse* des dits bois (2). »

Du Cange rapporte un passage d'une lettre de rémission (3) de l'an 1374 : « Icellui chevalier donna congié et licence de *charier et haier*, ès garennes de nostre dit frère. »

Ne peut-il pas rester dans quelques forêts des traces de fossés et de haies signalant des appareils de chasse d'ancienne existence? Je recommande naturellement cette recherche aux chasseurs. A la *haie Le Comte*, dans le bois d'Acquigny, près de Louviers, je puis en signaler une. J'y ai trouvé quelques souches des plus vieilles, toutes plantées sur le talus d'un fossé dans l'intérieur du bois; c'est un vrai type de l'espèce.

Le mot germanique *forst*, synonyme de *nemus*, ou plutôt de *saltus*, bois où le gibier abonde, a donné naissance à l'expression de *forêt*, qui s'est entendue d'abord,

---

(1) De *plectere*, plier.
(2) *Trésor des chartes*, J. J. Archives de l'Empire, reg. 36, ch. 8, 9
(3) *Idem*, reg. 106, c. 224.

soit en France, soit en Angleterre, de domaines agglomérés et généralement compris dans une grande enceinte enclose par une haie (1).

Le nom latin *foresta*, *foreste*, *forastum*, est de formation moderne et dérive de l'expression allemande. Spelman l'explique par *ferarum statio*, séjour des bêtes sauvages. C'est un mode dangereux de procéder en matière d'étymologies comme le fait cet auteur.

Différentes forêts ont pris le nom de *haies*, ce qui a établi une certaine confusion dans la valeur de ces deux expressions *haies* et *forêts*.

Il me paraît évident que la partie destinée à la chasse a été prise pour le tout, c'est-à-dire pour la forêt elle-même; ce qui le prouve, c'est le texte de plusieurs actes qui établissent la distinction d'une manière positive, ainsi qu'on le voit dans le *Domesday-book*, ce registre des priviléges accordés par les rois d'Angleterre à leurs barons. Il existait au milieu d'une forêt *une haie*; une autre avait *quatre haies* pour la chasse (2). Du Cange cite un passage du Cartulaire de Fécamp, où il est question d'une *haie faite au milieu d'un bois* (3). Jean, comte d'Eu, confirme une donation faite, par Gosselin de Criel (4), de *la haie de Verlay, située dans sa forêt*. Plus tard, Gosselin lui-même ajoute, pour l'agrandissement de la haie, une autre portion de bois taillis. Dans les *Ancient tenures*, ou servitudes anciennes attachées à la possession de certains manoirs, on cite *la haie de Tedeslay*, tenue par Gilbert le Harpour. Jame Temple, le commentateur de ces différentes mouvances, établit que les haies formaient des portions encloses dans les forêts (5). Un passage du célèbre Capitulaire de Charlemagne *de Villis* prouve la synonymie de *silva* et de *forestes* : elles devaient être bien gardées, ainsi que le gibier qui s'y trouvait (6).

Au commencement du xiiie siècle, le nom de haie s'appliquait à la chasse elle-même.

---

(1) L'ouvrage de Camden, sur la topographie de l'Angleterre, en montre un grand nombre. En France, plusieurs villages ont retenu le nom de *le forest*, notamment près de Lille, près de Douilly, canton de Ham (Somme), etc.

(2) T. I, p. 176, 186, 286. Haia in qua capiebantur feræ.. haia in una magna silva... Silva in qua sunt quatuor haiæ. In Gloucestershire... ibi habet ecclesia (of saint Peter) venationem unam per uo^{as} haias.

(3) Et haia facta fuit per medium bosci.

(4) Cartularium S. G. bibl. imp., n° 17088, fol. 24.

(5) A separate inclosure. (Within, *A forest*, p. 296.)

(6) *Nostræ silvæ*, vel *forestes* bene sint custoditæ...... et feramina nostra inter forestes bene custodient.

En effet, d'après une charte de l'an 1207, du roi Philippe-Auguste, insérée dans le Cartulaire de Saint-Germain des Prés conservé aux archives de l'empire, ce prince confirme à l'église de Saint-Germain l'abandon que lui avait fait Pierre de Samois, de ses droits de *chasse à courre*, de *la chasse ordinaire* et de *la chasse à la haie* (1).

En l'année 1241, Wermond, évêque de Noyon, s'accorde avec les frères d'Ourscamp, au sujet du droit de passage dans la forêt de Laigue, entre Pimprez et Sempigny, et de la chasse dans les bois de Parvillers : l'évêque, est-il dit, aura le droit de chasser, mais non celui de faire une haie ni de couper les arbres (2).

Jean, châtelain de Noyon et de Thorote, confirme, en l'an 1234, le don fait à l'église d'Ourscamp, d'un bois situé près d'Offemont; il en réserve la chasse, *mais sans haie* (3).

Par un acte de l'an 1202, Simon le Besgue de Ribécourt échange avec le même seigneur de Thorote une rente de cent sols contre certains droits de mort-bois, et *la haie pour chasser* dans la forêt de Laigue (4).

Cette haie à chasser comprenait une étendue de 410 arpents, comme on le trouve indiqué dans une requête adressée, en l'an 1609, au grand maître des eaux et forêts, par Philippe de Béthune, seigneur du Plessis-Brion.

Le nom de haies s'est appliqué aussi aux fossés garnis de palissades, ou d'une haie naturelle, qui formaient autrefois, dans beaucoup de villages, une enceinte qui porte le nom de *tour de ville*, à laquelle Haltaus applique le mot de *Bann*, qui s'étend aux enceintes, en général (5), où l'on reconnaît l'expression de *bannissement*.

Ces haies de villages formaient un obstacle aux déprédations nocturnes des bandes qui infestaient si souvent les localités isolées. Chacun tour à tour faisait le guet derrière ce rempart rustique.

Il faut également ranger parmi les fossés de défense, d'après M. de Gerville (6), les

---

(1) Fugationis, venationis, et haiæ.

(2) Fiant venationes absque haia et absque incisione arborum. Fol. 101, v., Cartul. Ursicampi.

(3) Cacheriam absque haia. Fol. 59, v., Cartul. Ursicampi.

(4) Mortui nemoris et residuorum et *haiæ ad venandum*. (Archives de M. le comte de Breda, au Plessis-Brion.)

(5) *Mémoires de la Société des antiquaires de Normandie*, 1824, 2e partie, page 227.

(6) Sepes bannita quæ territorium, diocesim, vicos, agros, claudit aut munit.

haguedicks ou grands fossés, qu'on voit dans l'arrondissement de Cherbourg; il en attribue l'établissement aux Saxons.

Le mode de transformation de *hagia* en *agia* se retrouve dans les forêts qui portent le nom d'*Ageux*.

De ce nombre était le bois situé près de Verberie, où Charlemagne se plaisait tant à chasser, et où il fit construire une riche maison de plaisance, qui subsistait encore au commencement du xiii° siècle. Une partie du massif forestier voisin portait le nom de *Raray;* mot que Du Cange explique ainsi : *chemins étroits ou sentiers dans les bois* (1). Cette facilité de pénétrer dans l'intérieur du couvert était une exception, puisqu'elle donnait lieu à une dénomination spéciale.

Le mot de *raie*, qui représente une ligne étroite, est l'équivalent du mot latin *radius*, rayon.

Les buissons portent, dans le patois des Vosges, le nom de *haigis*.

La haie a formé la base de plusieurs noms de lieux, ainsi la forêt de *Herneuse* est la Haie neuve (*haia nova*) : la large Haie (*haia lata*), a donné naissance à la forêt de *Halatte*, près de Chantilly (Oise); un bois du même nom existe près du Havre, à Graville. Il y a le bois des *Hayettes* sur le mont de Choisy, près de Caisne (Oise).

Les noms de hayes et de hayettes se trouvent fréquemment rappelés parmi les villages et les *lieux dits*. C'est surtout en Normandie que cette dénomination est commune (2).

Le nom de *hayer* s'applique comme épithète à plusieurs lieux : tel est Marcilly le Hayer. Un acte du cartulaire de Montier-la-Celle, près de Troyes (3), relevé par M. D'Arbois, montre que c'est la traduction de cette expression de *haetum* (4), mot qui manque au glossaire de Du Cange; c'est, sans doute, une modification de celui de *haitium*, ainsi que de *hesia*, qui sont inscrits au *Monasticum anglicanum*, comme

---

(1) Rares, semitæ in silvis.

(2) Dans la traduction d'un poëme latin intitulé *Vetula* (la Vieille), par Jean Lefebvre, de Ressons-sur-le-Matz, on trouve le passage suivant, relatif à la chasse à la haie ;

> *Il s'embusche en une hayette*
> *Et lors* (le chasseur) *lui tire une sayette,*
> *Dont il est feru et cerchié.....*

Ce poëme, intéressant à plus d'un titre, va être publié par mon confrère et ami M. H. Cocheris, dans la *Collection des pièces rares et inédites* (Aubry).

(3) Fol. 42 : Tegularium inter et vetus *haetum*.

(4) Jugny, fol. 174, n° 4.

répondant à celui de haie. Du Cange cite le passage où tous deux se trouvent réunis (1), et où le fossé accompagne la haie. La forêt de Neuville-en-Hez tire de là sa désignation. Chez les anciens Saxons, la haie d'enceinte se nommait *ward* ou *geard*, ce qui peut avoir donné naissance à notre mot *jardin*.

Les enceintes des parcs, ou les haies en claies tressées, suivant le mode employé pour clore les moutons dans les champs, portaient le nom de *cloison* : telle était, dans la forêt du Croutoy, la partie sur laquelle le comte d'Eu céda ses droits au roi, en l'an 1340 (2), *avec toute la cloison*. Les enclos destinés aux chevaux et aux bestiaux (*armenta*) sont les origines du nom des lieux dits *Armentières* (3). Comme on les entoura, en certains cas, de planches de chêne (*robur*), il en résulte que plus d'une localité du nom de *Rouvroy* a pris de là sa désignation. J'adopte à cet égard, du reste, le sentiment de Stuckius (4). Les haies sèches portaient souvent le nom de ramées, *rameria*. Elles servaient à la chasse à la haie, comme on le voit dans un passage rapporté par Du Cange (5).

M. Mocke attribue la terminaison latine en *acum*, des nombreuses localités qui dans la transformation en français forment à la finale *y* ou *ay*, au mot *haya*, qu'il rapporte *aux haies de défense* (6) ou *haies fortes*. Je crois qu'il faut y voir simplement la terminaison celtique *ac : locus*.

Ce serait à ces *haies de défense* que se serait appliqué le passage du diplôme de Charles le Chauve, quand ce prince voulut réprimer l'empressement des seigneurs à s'entourer de châteaux et de forts, ou au moins de *haies fortes* (7).

En l'année 1152, défense fut faite aux moines d'Écharlis de détruire les haies anciennement établies pour la défense des villages (8).

Il faut aussi rapporter à ces espèces de haies les *hegui*, mot employé par les an-

(1) Ascendendo per veterem sepem, et sic per vetus fossatum, et haicium usque ad hesiam bosci.

(2) *Inventaire du trésor des chartes*, t. IX, Eaux et forêts.

(3) Par exemple, près de Magny-Guiscard (Oise), où résidait Danes, le transcripteur du livre du roi Modus et de la reine Ratio.

(4) Antiquitatum convivialium descriptio. In-fol., 1695.

(5) Concedimus per presentes licentiam et congedium venandi, et in forestis regiis dictæ senescalliæ Tholosanæ, rameria faciendi et capiendi decem apros et quatuor cervos quolibet anno. (*Trésor des chartes*, J. J. c. 177.)

(6) *La Belgique ancienne*. Gand, 1833. 1 vol. in-8°.

(7) Et volumus et expresse mandamus ut qui castella et firmitates, et haias sine verbo nostro fecerint ....

(8) Excepto destruendis haiis illis quæ propter munitionem villæ jam extiterint. (C. de l'Yonne.

ciens Germains, et qui se rapporte à celui de *haya;* il signifiait, chez ces peuples, une agglomération de bourgs ou de villages, et répondait aux circonscriptions qui portent, encore aujourd'hui, en Allemagne, le nom de *Cercles.*

Faut-il, comme Du Cange penche à le croire (1), y voir une appellation dérivant des neuf enceintes *de haganis* qui servaient, dit le moine de Saint-Gall (2), de moyen de défense à la terre des Huns?

Le fossé (wall) qui les accompagnait ajoutait à la force de l'obstacle. Les Gallo-Belges les établissaient pour leurs Oppides : je les ai trouvés, et on peut les voir encore aujourd'hui, existants aux monts de Noyon et d'Épagny (3).

C'est au fossé de défense que se rapporte le mot germanique *Salt-graf,* gardien des frontières, comme c'est aux *Marches,* autre dénomination des mêmes mots, qu'on attribue l'origine des marquis, *Mark-graf.*

Les fossés accompagnant les haies, « si on les considère au point de vue de la « chasse, servirent surtout à garantir les parcs peuplés de bêtes sauvages, mais « timides, contre les envahissements des animaux carnassiers; de là le nom de *sauts* « *de loup,* qu'on donne à ces clôtures établies pour conserver la sécurité sans gêner « la vue. »

Le saut de loup tire surtout sa force et son utilité de ce que l'on a soin que le fossé soit inondé.

Le nom du bois des *Elluats,* près de Compiègne, n'a d'autre origine que le *sault des loups* (*luporum saltus*), bois où ces animaux se trouvaient en abondance.

La forêt de Laigue était désignée sous la dénomination de *Saltus.* La charte du roi Philippe-Auguste accordant aux moines de la Sauve-Majeure, en l'an 1083, l'église de Saint-Léger aux Bois est explicite à cet égard (4).

Le mot latin *saltus,* qui signifiait, chez les Latins, le bois à gibier, ce que nous

(1) Verbo : Haga.

(2) *De rebus Caroli Magni,* lib. II, cap. II.

(3) Voyez ma dissertation sur l'emplacement de Noviodunum, t. XV des *Mémoires de la Société des antiquaires de Picardie. Wald* signifie, en allemand, *montagne* et *forêt,* coïncidence qui provient de ce que, autrefois, presque toutes les montagnes étaient boisées. *Wild* est l'homme des bois, le sauvage; ce dernier mot lui-même se rapporte à l'habitant des forêts : de là *selvagio,* de silvis, ital. — Cette remarque est consignée dans le très-savant mémoire sur les forêts de la France dans l'antiquité et au moyen âge, par M. Alf. Maury.

(4) Cogitabam quomodo me possem commendare orationibus eorum... pulsavit animum meum mentio cujusdem ecclesiæ sancto Leodegario, in *saltu cognomento Lesgua* dedicatæ quam eis obtuli.....

traduisons par *saut* ou *sault*, nom sous lequel plusieurs forêts sont connues, proviennent-il, comme le P. Lubin (1) le croit, de la nécessité où se trouvent les animaux de s'avancer dans l'intérieur des forêts en sautant çà et là pour franchir les nombreuses irrégularités des terrains ?

Ne serait-ce pas plutôt une désignation empruntée à une disposition en usage pour la chasse, absolument comme cela est arrivé pour les forêts qui ont pris le nom de *haies* ? On serait tenté de le croire en se rappelant cette expression proverbiale de Plaute : *Uno saltu duos apros capere*. Le nom de Jupiter Saltator ne pourrait-il pas s'expliquer d'une façon plus digne de la majesté du Maître des dieux, en l'appliquant à son culte dans les forêts, où le chêne lui était consacré, plutôt qu'aux bonds de la chèvre Amalthée, célébrés, suivant la mythologie, par les danses des Corybantes ?

Les fossés, joints aux haies vives, figurent dans une charte du roi Jean d'Angleterre, de l'an 1203. Il permet au comte de Devonshire de s'en servir pour chasser, avec chiens et flèches, dans le parc de Woodstock. Ces bois, enclos entièrement, portèrent, au moyen âge, le nom de *brolium*, *breuil*, *curtis*, d'où *cour*, *courtil*, et de *croutura*, *clôture*, d'où est venu le mot de *crouée*, qui forme le radical de plusieurs noms de lieux, tels que *Crouy*, etc.

Le texte de la loi salique contient l'expression dont le sens obscur me paraît se rapporter définitivement aux *haies de chasse* : Celui qui aura coupé en morceaux ou brûlé la haie d'autrui, *concida*, sera puni, etc.

Le mot *concidere*, couper, tailler, a, l'on n'en peut douter, donné naissance à *concisa* ou *concæsa*, ou même *concidæ*, de la basse latinité, et, dans notre idiome, les noms de *Conchis* ou *Éconchis*, que portent plusieurs forêts ou localités, en proviennent (2).

Mais faut-il confondre cette expression avec celle de *bois taillis* ou *de taille* ? Je ne le crois pas. Le bois était tellement abondant à cette époque, que l'on ne s'occupait point de régler les coupes et de limiter les périodes de l'exploitation, et, par conséquent, d'avoir un classement comprenant les jeunes bois d'une part, et, d'autre part, la haute futaie.

Du Cange (*verbo concida*) définit le mot *concisa* un abatis d'arbres en vue d'ob-

(1) *Man. géographique*, 1 vol. in-12. 1678, page 215.
(2) Il faut en excepter les lieux nommés *Conques*, qui indiquent des bas-fonds, *in forma concharum*.

struer un chemin (1). Il cite un passage de l'histoire des Lombards, qui témoigne, il est vrai, qu'on employait cette expression dans ce sens (2); mais je crois que l'article de la loi des Francs, cité précédemment, ne s'applique pas à ces destructions, œuvre de guerre et de défense du territoire, pendant lesquelles, surtout à ces époques, il n'y avait point de limites dans la violence ni de droit de propriété.

C'est aux voleurs de haies, c'est-à-dire de bois coupé, préparé, que s'applique la punition qu'ils auront à redouter, d'après la loi des Francs. Or, en ces temps où, comme on l'a vu plus haut, les rares habitants de ces parages, ne limitaient pas les terres, mais les occupaient successivement pour les cultiver, les haies ne pouvaient avoir d'autre emploi que de servir à préparer les appareils de chasse, dont ces barrières formaient la partie la plus essentielle.

Les terres dites *saliques* ou *fermées* n'étaient, sur le territoire, qu'une minime exception : on sait que les Francs Saliens tirent leur nom de cette particularité de la constitution spéciale de la peuplade guerrière.

On trouve, d'ailleurs, une détermination plus exacte des abatis d'arbres en vue d'empêcher le passage sur les routes, c'est celle de *combri*, d'où nous vinrent les mots *encombrer*, *encombrement*.

Grégoire de Tours fournit, à cet égard, un texte précis (3); la loi des Visigoths et les Capitulaires de Charlemagne font plusieurs allusions à la chasse par les haies, mais il n'y a rien de précis dans les textes que je ne cite que pour mémoire.

Dès les temps anciens, si les rois de Perse se plaisaient à chasser les bêtes féroces, dans les enceintes ou *viviers* (4), s'évertuant à mériter sinon les vœux, du moins les applaudissements de leurs courtisans ou de leurs concubines (5), il est certain que l'on avait dû leur préparer à l'avance, par des procédés qui n'ont pas été décrits, les moyens d'avoir à leur portée un grand nombre de ces animaux. Or filets ou fosses, tels furent nécessairement les instruments de capture.

Les Romains connaissaient parfaitement l'art de confiner le gibier dans certains

(1) Arborum eversarum strages itineri percludendo.
(2) Factis etiam concisis per devia silvarum, irruit super eos.
(3) Et concides magnas in Arelano, fecitque *combros*, totam spem suam in Dei pietatem transfundens.....
(4) Le mot *vivarium* ne s'emploie maintenant que pour les réservoirs où l'on conserve le poisson.
(5) Brisson, de Regibus Persarum.

lieux resserrés, où il était facile de les atteindre. Ils employaient, à cet effet, pour le traquer, des chiens dressés à ce service, et d'ailleurs ils savaient modérer, par le frein, leur ardeur exagérée. C'est ce qu'on voit dans le dessin, tiré de l'un des tableaux qui furent trouvés enfouis dans les tombeaux des Nasons, près de Rome, sur la voie Flaminia. Grævius donne le nom de *haie* à l'enceinte où le cerf et la biche sont retenus à la portée du javelot qui les menace. L'un des chiens, littéralement bridé, est tenu de près par un guide et poursuit, de la voix seulement, le gibier qui s'enfuit (1). (*Voyez* le dessin page 24.)

On voit sur ce dessin le retour de la haie, *agia recurrens*, ou la forme du *recroc*, suivant l'expression de Louis Gruau, dans son livre déjà cité.

L'ouvrage de Tantzer sur la chasse, ou *Les plaisirs de Diane* (2), renferme une planche gravée où sont dessinées deux avenues en fourche, aboutissant à un enclos quadrilatéral destiné à recevoir le gibier. Il arrivait souvent que des chasseurs se plaçaient dans un pavillon établi au centre d'un espace borné; de cette façon, la destruction n'était pas difficile. On en voit un exemple dans l'œuvre de Ridinger (3). Stradanus représente les sangliers tombant dans une fosse placée près du point de jonction des panneaux. Elle est remplie d'eau jusqu'à une distance des bords, suffisante pour ne pas laisser au gibier la facilité de s'échapper.

La chasse *aux panneaux*, lesquels sont, à proprement parler, des haies mobiles en toile et filets, est aujourd'hui celle qu'on trouve employée pour les grandes chasses, dans les différentes contrées de l'Europe.

Dans une thèse soutenue en l'an 1724, à Wirtemberg, par J. Bail, l'auteur indique le *klapper jagd*, ou chasse à la battue, avec disposition de palissades ou de panneaux pour empêcher le gibier d'aller deçà et delà. Ce moyen n'est licite, ajoute-t-il, que pour les cas où le gibier est si abondant, qu'il faut s'en défaire pour ménager les récoltes, ou bien quand il s'agit de fêter le prince. Et l'auteur cite, à cet égard, le précepte d'Horace : *Est modus in rebus...* (4).

(1) Ver adjunctam habet venationem cervorum, in qua representantur duo cervi, alter mas, altera femina, quorum unus torum laxat cani, alter juxta *sepem* consistens, venabulum protendit. (*Antiquitatum Romanarum thesaurus*, t. XII, p. 1066.)

(2) Leipsick, 1 vol. in-fol., 1734.

(3) De venatione ferarum.

(4) Hartig distingue, parmi les six espèces de chasses, le *kessel jagd* (la chasse au chaudron, ainsi nommé de la disposition en bassin, ou entonnoir formé par les toiles en panneaux, ou par les filets.

Un auteur espagnol, don Alonzo Martinez de Espinar, en son livre intitulé *Arte*

de ballesteria y monteria (1), donne un dessin qui montre un chasseur portant fusil, et abattant les pièces très-nombreuses que lui ramène une bande de traqueurs.

(1) 1 vol. in-4, 1644, ch. XXXVI. Como si han debató los montos con perros y gente.

Rien n'échappe à ses coups; car deux lignes en fourche, formées de rochers et de haies, *flanquent* tout le gibier et le forcent à passer à la portée de l'arme du chasseur.

L'appareil pour la chasse à la haie se composait, comme les piéges de minimes proportions que j'ai cités au commencement de ce mémoire, de deux parties distinctes : l'une était le vestibule et l'autre la geôle.

Toutes deux étaient circonscrites par des barrières ou haies ; mais celles qui tenaient le parc ou la seconde partie du piége enclos devaient avoir plus de force de résistance que les haies entre lesquelles le gibier s'engageait d'abord.

Car la battue se faisant avec une lenteur méthodique, et le gibier, trouvant ouvert le passage dans la direction qui l'éloignait des bruits inquiétants (1), se dirigeait vers la fatale issue et cherchait rarement à forcer l'obstacle de la haie.

Comme à l'époque où ces chasses furent primitivement pratiquées, les grandes forêts, qui sont aujourd'hui d'exception, couvraient alors la superficie presque entière du sol et n'étaient séparées, les unes des autres, pour ainsi dire, que par les cours d'eau, les prairies et les terrains absolument stériles ; qu'on imagine l'un de ces massifs de la plus grande étendue, n'est-il pas évident que, si deux lignes de haies se coupant à angle droit avaient leur point de jonction au centre même du terrain boisé, chaque partie présentait la figure d'un triangle sous deux formes différentes ?

J'ai pris pour modèle de ces deux modes de croisement des haies de chasse, la

---

(1) Le fouet du charretier se nomme *cachoire* ou *chassoire*; s'il en use pour exciter ses chevaux, ne peut il pas avoir servi à diriger le gibier vers les haies et les piéges?

4

croix et le *sautoir* héraldiques. Dans le vocabulaire des termes du blason, ces lignes, quand elles se présentent simples et sans épaisseur, portent le nom de *flanquis*.

Quand les bêtes forestières étaient relancées par tous les points différents à partir de la périphérie du bois où l'on faisait la chasse, il suffisait que chaque groupe s'échelonnât de façon à ce que, d'un intervalle à l'autre, quelque bruit fût légèrement perçu, pour que les traqueurs se tinssent à peu près en ligne convergeant vers le centre. Ces derniers, dès qu'ils avaient atteint les extrémités des haies, s'appuyaient sur ces lignes pour s'avancer avec méthode, s'aidant des cris qui leur servaient d'indication de leurs positions réciproques.

Le gibier dont on connaît les méfiances et dont la sûreté d'ouïe est extrême, entendant dès l'abord ces bruits dans le lointain, gagnait d'une course rapide les parties profondes de la forêt.

Vers un point que j'estime largement suffisant s'il s'étendait à quelques centaines de mètres du centre de la haie, le gibier devait nécessairement s'engager entre ces murailles arborescentes; dès lors chaque section des traqueurs avait ses limites parfaitement distinctes; leur marche réunissait l'ordre et l'ensemble qui font la force. S'il arrivait que, parmi les animaux sans cesse refoulés, quelques-uns vinssent à franchir les haies, en escaladant les fossés, quand il s'en trouvait comme accompagnement de la barrière, ils retombaient dans un espace *barré*, semblable à celui qu'ils avaient quitté. Comme ils continuaient d'être *flanqués* par deux haies, et que le bruit se rapprochait d'eux incessamment, chacun de leurs pas vers le centre les amenait près des embûches.

Si les haies étaient doubles, c'est-à-dire si chaque section était séparée par deux haies formant entre elles une allée, en se côtoyant, la haie franchie, le gibier se trouvait sur la voie parcourue par quelque chasseur qui le repoussait vers la partie centrale de la forêt, en réglant sa marche sur les groupes espacés dans les deux cantons voisins.

Les deux figures du blason, la *croix* et le *sautoir*, se retrouvent ici offrant chacune, par les lignes marquées, une allée entre elles. Je continue à m'en servir comme d'images ou de points de comparaison.

Plus le cercle des traqueurs se rétrécissait, et moins les bêtes sauvages étaient tentées de forcer la ligne hostile.

Venait enfin le moment où les animaux se trouvaient forcés de pénétrer dans les issues étroites réservées à chacun des angles extrêmes.

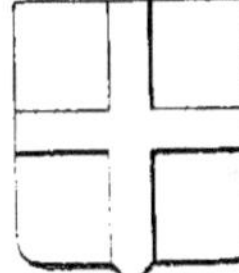 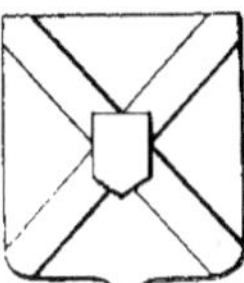

Si l'industrie de l'homme avait disposé sur ce point des engins que le gibier n'eût point en défiance, on avait ainsi, il faut bien en convenir, préparé par la tactique la plus simple, le succès d'un plan de chasse sur la plus vaste échelle.

J'ai déjà parlé de la fosse; j'ai dit ce qui, dans la nasse et ses analogues, devait frapper l'observateur, en voyant la simplicité et le fini remarquable de ces piéges, où tout est facile pour l'enserrement des animaux, et où tout s'oppose à leur sortie, dès qu'une fois ils ont franchi le défilé, par l'huis trompeur.

Chacun de ces modes de capture a ses termes spéciaux; nous ne les connaissons pas tous, car, depuis si longtemps qu'on a cessé de les pratiquer, il en est resté quelques mots seulement, et ceux-là nous ne les retrouvons que dans les figures du langage où se réfugient les derniers vestiges des usages qui se perdent.

Quelques mots en particulier sur chacun de ces piéges :

La fosse, un jour, perdit son nom, du moins comme artifice de chasse : un autre mot la remplaça, ce fut la *chape*, *capa* ou *cappa*. On chercherait en vain ce terme dans les lexiques de la haute latinité; cette expression ne s'introduisit dans le vocabulaire qu'à l'époque où les peuples dégénérés de l'Italie subirent l'invasion d'une foule de mots empruntés aux dialectes des nations barbares.

La similitude de l'expression, a fait chercher le radical de *cappa* dans *caput*, la voûte du crâne; on sait combien sont nombreuses les expressions qui ont rapport à la signification *caput*, tête.

Quant aux acceptions positives du mot lui-même, elles se rapportent en apparence à deux ordres d'idées bien différentes, et cependant elles proviennent d'une seule et même source, je veux dire de la chasse, qui seule peut en donner l'explication.

Ainsi la *chape, cappa,* s'entend de ce qui couvre ; c'est à ce sens que répondent les mots chape d'une voûte, chape ou couverture de l'alambic, chaperon d'un mur, etc.

L'origine du mot chapelle, quelle que soit l'autorité des écrivains qui l'ont attribuée à la chape de Saint-Martin, objet de vénération conservé dans l'Oratoire royal et servant, à l'époque des deux premières dynasties, d'étendard et de gage de victoire, ne peut-elle recevoir une explication différente, telle que celle-ci : *capella,* diminutif de *cappa,* aurait reçu ce nom des cryptes ou des catacombes dans lesquelles les premiers chrétiens, pendant l'ardeur des persécutions, célébraient les saints mystères.

Comme une prison comporte l'idée d'un lieu parfaitement muraillé, dont, par conséquent, une voûte solide est le complément naturel, on ne doit pas s'étonner qu'on ait autrefois donné le nom de chape aux geôles et aux cachots, et le nom de *chapier* ou *chépier* aux geôliers eux-mêmes. Aujourd'hui ces expressions sont entièrement sorties de notre vocabulaire, mais les exemples de leur emploi sont fréquents : ainsi on peut lire, dans les Chroniques de Froissart (1) au xiv* siècle, « Adonc (l'es-« cuier) me tira en un anglet de *la chape* d'Orthais (Orthez). »

J. Duclercq, dans ses mémoires faisant suite à ceux de Monstrelet (2), s'exprime en ces termes :

« En ce temps-là (an 1462), en ce propre jour, s'échappèrent (3) des prisons « d'Arras en Cité unze prisonniers et loyèrent le *chépier,* sur un banc, et fut parce « que ledit chépier donnoit à souper à quatre prisonniers qui déprisonnèrent les autres. »

L'odieux supplice de la *chape de plonc,* que Dante a infligé à certains damnés, n'était autre qu'une sorte de moule garni de plomb en tous sens. Les misérables hommes qu'on y tenait confinés subissaient les tortures de l'immobilité dans une station indéfinie.

1) Tome 3, chapitre 19.
(2. T. XIV, p. 217, édition Buchon.
(3) On remarquera ce mot qu'on emploie journellement dans le sens figuré : on s'en sert aussi en termes de vénerie, quand on dit que les chiens chassent l'*échappée,* c'est-à-dire qu'ils sont

Le nom de *fosses* s'est conservé pour les cachots souterrains ; on en trouve un exemple dans le cartulaire de l'hôtel-Dieu de Pontoise (1).

Ce n'est point trop présumer des progrès de l'industrie, même à ses débuts, que de croire à l'ancienneté d'une amélioration notable dans la construction des voûtes légères destinées à faire sombrer les animaux qui les traversaient.

Qu'on se figure une série de trappes disposées en cercle, pivotant à leur base et s'inclinant de haut en bas, vers le centre, sous le poids du gibier, puis reprenant la position horizontale, une fois qu'il sera précipité dans l'abîme, qu'il aura fait *chape-chûte* ; n'aura-t-on pas un appareil complet toujours prêt à recevoir de nouvelles victimes ?

Ici encore, le modeste parapluie, qui, du reste, portait autrefois le nom de *chape à pluie*, nous fournit une image de la disposition de ces trappes dans leur ensemble.

L'écu *chapé* des anciens comtes de Flandre, qui portaient héréditairement le titre de *grands forestiers* (2), présentait cinq chapes dont les bases touchaient à la bor-

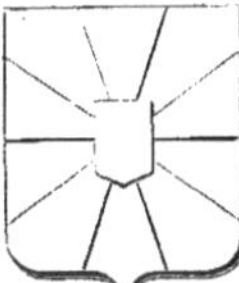  

dure du champ, et dont les points se réunissaient au centre, où se trouvait un petit écusson *posé en abyme*, juste au point où le gibier tombait *attrapé*, c'est-à-dire pris sous les trappes.

D'autres armoiries reproduisaient le même écusson, au centre des croix ou des sautoirs.

hors de la piste du gibier : n'est-ce pas indiquer la facilité qu'ils lui laissent d'éviter *la chape de chasse ?*

(1) Constructis in ipsa domo *forcis* et receptaculis aptis ad prisionarios custodiendos et tenendos...

(2) Un vol. in-4°, avec planches. Anvers, 1598.

Le Gruyer ou Verdier de la forêt de Cuise, magistrat chargé de l'exécution des lois et usages relatifs à la chasse, et dont l'un des priviléges était de guider le roi lorsqu'il venait s'y livrer à ce plaisir, possédait, comme fief inhérent à sa charge, le domaine *du Hasoy* (autrement dit de la haie); les armes de ces forestiers héréditaires se voyaient encore, au siècle dernier, sur la porte principale du château. Elles étaient *d'or au chevron de gueule*, accompagné au chef de deux coquilles de sable, et en pointe d'un sanglier de même.

Telles étaient, entre autres, les armoiries de la famille des Anthonis du Hazoy, qui avait succédé à celle de Bethizy, laquelle posséda longtemps la charge de grand louvetier de France.

Le chevron n'offrit-il pas la figure d'une haie de chasse?

Que l'on consulte les livres héraldiques, on verra combien sont nombreuses celles où le chevron est accompagné d'animaux forestiers, cerfs, loups, etc., et leurs arrachements ou massacres.

« Tout concourut, » dit le P. Menestrier (1), « à augmenter le nombre des figures « héraldiques, les emplois et les fonctions, les noms de famille et sobriquets, les « tournois, les pèlerinages, les croisades, *la chasse,* la pêche, les fiefs. De là la di- « versité des figures qu'on voit dans les armoiries. *Il serait curieux de rechercher* « *avec détails quelle a été l'influence de chacune de ces causes et d'autres encore qu'on* « *entrecoit. C'est là un travail intéressant et difficile.* »

Du reste, ces haies, vastes vestibules des geôles, devaient varier suivant la disposition des forêts. Ainsi, à *la haie de Morienval*, au point où les forêts de Compiègne et de Villers-Cotterêts se touchaient par une langue de terrain boisé très-rétrécie, ne suffisait-il pas d'établir de chaque côté une haie en chevron, et de réunir la pointe de ces cônes dans une même enceinte pour que tout animal sauvage, à l'époque du rut, dans ses velléités de migration d'une forêt dans l'autre, ne pût éviter d'être pris ? (*Voyez* le dessin, page 31.)

Il arriva que cette partie de la forêt fut défrichée et que ce lieu prit le nom des *Essarts* de *Morienval.* Plus tard, le roi François Ier fit replanter cet intervalle entre les deux massifs forestiers.

Comme il arrivait souvent que le fond de la fosse était garni de *pals* ou pieux

______
(1) *Origine des armoiries,* p. 135.

pointus sur lesquels les animaux, au moment de leur chute, trouvaient immédiatement la mort, ce massacre donna lieu de nommer, par comparaison, les tueries d'hommes, comme celles des bestiaux, des *chapleis* ou *capleis*.

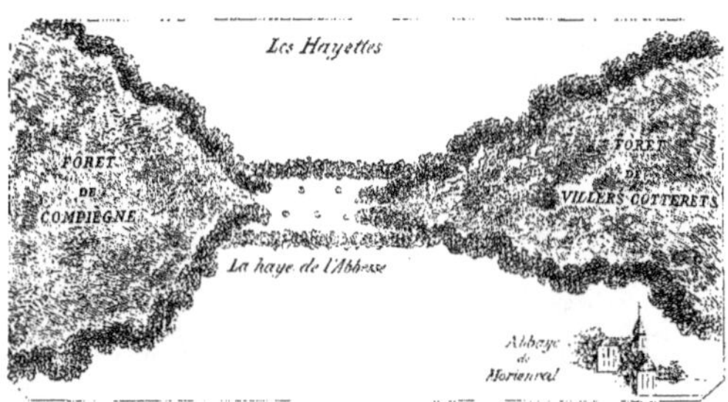

A l'emploi de basse latinité, *capulare*, mettre en pièces, comme on l'a vu précédemment dans la citation que j'ai faite de la loi salique, se rattachent plusieurs

mots non employés dans notre langage ; l'ancienne rue des Boucheries, à Metz, se nommait *Chapel-rue* ; la croûte du pain coupé, haché en menus morceaux donne la *chapelure* ; on chapuise le bois, on le chapote, de là le nom d'homme, *Chapuis*, qui veut dire charpentier. Le billot du tonnelier est *un chapuis*. Mettre en *capilotade*, *capirotada* (espagnol), n'est-ce pas hacher menu ? Roquefort a cité le passage suivant dans la traduction de Guillaume de Tyr :

« Se mirent les autres batailles en la meslée, mout fu grans li *chapleis* et assez y « ot espandu sanc as glaives et as espées. »

Dans la chanson d'Antioche (1), Creton, le glorieux chef de la famille d'Estourmel, est en scène :

> Quant sa lance est brisée Raimbaus n'est alentis.
> Il a traite l'espée dont li brans est fourbis,
> Sur les Turs caple, et fiert com chevaliers eslis,
> Si lor trenche les testes, et les bras, et les pis.....

———

> La chaple commence aux espées.
> Guill. Guyart, an 1264.

Partout où existe un lieu du nom de *Ferrières* ou *Frières*, on doit tenir pour probable, s'il est situé dans une contrée boisée, et s'il ne s'y rencontre ni traces de forges ni minerais de fer, qu'il y a eu autrefois là un parc à gibier. On nommait ces enclos de chasse *ferraria*, mot qui n'apparaît que dans la latinité du moyen âge et dérive du nom de *fera*, bête sauvage ou féroce ; on désignait ainsi les *feræ-regales* (staggon des Anglais), savoir, le cerf, le daim, le chevreuil et le sanglier dont la femelle portait spécialement le nom de *fera*.

Les bêtes ferines et les animaux ferains remplacèrent l'expression latine. Au xiiᵉ siècle, Philippe Mouskes s'exprimait ainsi en parlant de Guillaume le Roux, roi d'Angleterre :

> Chiers y mist et bisses et daims,
> Puis connins, liévres et *ferains*
> Et manière de sauvaigine.

A l'occasion d'une notice sur le châtelain de Coucy et la dame de Fayel (2), j'ai donné, en 1854, quelques aperçus sur les chasses à la haie ; j'y indique dans le nom de Frières-Faillouel, où je place le théâtre du drame que l'on connaît, la désignation d'une ferrière ou parc de chasse. « Le nom Faillouel, *de Foliolis*, ainsi qu'il « est écrit dans les chartes, disais-je, est le diminutif de *folleia*, *folie*, qui s'applique

(1) C. IV.
(2) Tome XIII *des Mémoires de la Société des antiquaires de Picardie.*

« aux maisons de plaisance ou de chasse construites en partie avec des arbres non
« façonnés, et couvertes avec des feuilles, en place du chaume dont on se sert
« aujourd'hui pour les *chaumières* (1). »

J'ai relevé, sur un compte de l'an 1237, dressé pour le règlement des dépenses
que fit saint Louis à Compiègne, à l'occasion d'une fête célèbre qu'il donna lorsque
son frère Robert d'Artois reçut la chevalerie (2), qu'on réunit dans une *folie* de
nombreux convives pendant l'une des trois journées qui furent consacrées aux jeux,
aux banquets et aux joutes (3). J'ajoutais qu'il y avait peu de manoirs seigneuriaux
près desquels on ne trouvât quelques lieux portant le nom de *Folie*. Je citais Braine,
Ribécourt, Ham, Pierrefonds ; j'aurais pu y joindre beaucoup d'autres noms.

Je ne parle aujourd'hui que *des folies de chasse ;* elles étaient nécessairement plus
petites. Leur structure dissimulait au mieux un fouillis de bois ou un groupe d'arbres ; placées çà et là dans le parc, elles servaient à abriter les chasseurs, qui pouvaient de ces points, et avec toute facilité, tuer le gibier retenu dans un espace
extrêmement borné. Il y avait, du reste, pour les chasseurs disséminés dans les
parcs, d'autres refuges plus faciles à établir et qu'on pouvait rapprocher à volonté,
pour ne laisser aucun animal à l'abri de l'atteinte des armes.

C'étaient les *berceaux* (*bersellæ*), mot inconnu dans la haute latinité, et dont l'origine, suivant Wachter et autres, provient du vieil allemand *birsen* (telo configere),
percer d'un trait. Spelman donne pour radical bers, *loup*, puis il ajoute que *berser*

(1, C'est par une fausse interprétation qu'on y trouve une épithète accusant la folie de ceux
qui les firent construire.

.2. T. XII des *Mémoires de la Société des antiquaires de Picardie.*

(3) Summa folleic facte **XI**^{os}. VII^s. XII^s.

s'entend surtout de la chasse aux cerfs, daims et sangliers, en *forests encloses ou parcs*. Le mot *bürsh* signifiant la chasse au fusil ou à l'arquebuse, est-il autre chose que la transformation de celui de *bers*....? Dans la langue bretonne, la venaison porte le nom de *hervase*.

Aujourd'hui les berceaux sont des tonnelles ou des salles d'agrément dont le pourtour et la voûte sont formés de branches ou de feuillages.

Ce furent, dans l'origine, d'étroites loges dans lesquelles il suffisait qu'un homme pût séjourner quelque temps en conservant le libre usage de ses bras armés. Elles étaient formées par une palissade solidement implantée dans le sol, et consolidées par un clayonnage serré (1) ; elles pouvaient parfaitement résister aux attaques du cerf comme aux coups de boutoir du sanglier. Un passage très-étroit permettait d'entrer, en une bonne enjambée, dans cette petite citadelle (2).

Je choisis quelques exemples de titres où l'on trouve cités les *berses* et les *berseurs*. On lit dans le roman de Garin le Lohérain.

> Chacun convint en son pays r'aler :
> Li **Emperer** envot ès bos *berser*,
> Et en les rivières ô les faucons aler,
> Et en forest pour chacier et *berser*,
> Droit à Senlis ou il seut demeurer.

Raimbaut Creton, le hardi chevalier, s'est exposé (3) aux flèches des infidèles ; le trouvère s'exprime ainsi :

> Aux arcs turcois le bersent à quarriaus empennés.

Aujourd'hui encore, dans le nord de la France, on nomme *berceaux* les points qui servent tour à tour de but et de point de départ aux arbalétriers et aux archers. Le tir à l'arc *aux berceaux* est horizontal, le tir *à l'oiseau* ou *à la perche* est perpendiculaire.

---

(1) Les berceaux d'enfants tirent leur nom de ce qu'ils étaient et sont encore, le plus souvent, faits d'osier tressé comme l'étaient, sous une forme grossière, les réduits destinés aux berseurs, dans l'enceinte du parc.

(2) En Allemagne, l'on emploie encore maintenant, m'a-t-on assuré, les *guérites* en les plaçant hors d'atteinte des animaux : par exemple, en formant un échafaudage appuyé sur les branches des arbres.

(3) Chanson d'Antioche.

Les régiments de chasseurs du roi de Sardaigne portent le nom de *bersaglieri*. Enfin, d'après les *Ancient tenures*, Roger de Somery et ses héritiers étaient autorisés à venir *berser* et à se servir de *neuf arcs* et *six berseils* ou *berceaux* (1).

La chasse est une expression inconnue des Romains, qui se servaient seulement du mot *venatio*, dont on connait les dérivés introduits dans notre langue, *vénerie*, *veneur*, *venaison*.

Dans la basse latinité les mots *chassia*, *cacheria*, *cachia*, *chaceria*, *cacia*, *chacea*, *chasea*, etc., ont tous été employés dans les titres du moyen âge où il est question de ce droit important, qu'on désignait sous le nom de *grossa fuga*.

Quelle est l'origine de ce terme?

Je la trouve dans l'action même de pousser devant soi le gibier vers les entrées béantes des haies de chasse, puis dans les piéges. Du Cange a réservé le nom de *chas*, *chasca*, au chemin par lequel on conduit les bestiaux au pâturage (2). Cette définition me paraît trop restreinte. Parmi les citations qui ont été faites par ce savant, il en est plusieurs qui me paraissent indiquer que le nom de *chasses* s'appliquait aux intervalles entre les deux haies que j'ai nommés les vestibules des geôles.

« En plusieurs lieux, notamment en Normandie, dit-il, on nomme maintenant encore *chasses* les allées (3), avenues ou chemins entrecoupés d'arbres. Il en est de même dans le nord de la France. Un lieu qui n'est pas enclos par un mur ou une haie, ou une palissade, doit être nommé, ajoute le même auteur, une chasse plutôt qu'un parc (4). » Ce mot *chacea* paraît encore, dans notre langue, sous le nom de *chas* ou de *châ*. On dit le *châ* ou *chas* d'une *aiguille*, ce qui doit s'entendre non du trou, comme on le voit dans les dictionnaires, mais de la partie en forme de travée qui est terminée par le trou et qui sert à guider le fil. Le *chas* de l'aiguille porte, dans la langue allemande, le nom de *nadelohr*. Les mots où se trouve *erh....* tels que *erhober*, élevé, en relief; *erheben*, hausser, me paraissent se rapporter au mot *chas*.

---

(1) Page 167, ad bersandum..... cum novem arcubus et sex *berseletis*. Je ne sais si on ne doit pas entendre, par cette dernière expression, une espèce de chiens de chasse qu'on nomme encore aujourd'hui *bercelets* ?

(2) Verbo *chasea*. Via per quam aguntur animalia ad pascua, hinc chacearc.

(3) In pluribus galliæ locis præsertim in Nustria *ambulacra*, seu itinera hinc inde arboribus consita *chasses* etiamnum appellantur.

(4) Locus qui non includitur per murum, sepem vel palicium dici debet *chacia* potius quam parcus.

Or c'était précisément là l'utilité du *chas* en matière de chasse ; le gibier entrait facilement dans cette baie, d'où il était véritablement guidé vers le pertuis, nom que l'on donne avec raison au trou de l'aiguille. Cette travée se retrouve dans le *travail* ou *traveil* du maréchal ferrant, où le cheval est solidement et étroitement enserré. Le chemin pris pour une travée ne donnerait-il pas raison des mots anglais *travel*, *traveller*, voyage, voyageur ?

Les diamants sont *enchâssés* dans le métal où l'on ménage une *cavité*, *chas* ou *chaston*, propre à les recevoir. La concavité qui reçoit la pointe formant le pivot de l'aiguille de la boussole porte le nom de *chas*.

Du Cange, au mot *chasto*, signale un passage d'une lettre de rémission accordée en l'an 1384 (1) : « Jehannin Perrin embrassa (prit à bras le corps) ledit Thomas, et le getta ou bouta contre *la chastre* de la cheminée dudit moulin en droit le feu. » Il ajoute qu'il ne sait pas si ce mot *chastre* n'indiquerait pas le manteau de la cheminée : *pala, adversa manipuli lorica*, l'appareil en forme d'entonnoir. Autrefois la chasuble (*casula*) avait la forme d'un manteau totalement fermé. Le prêtre soulevait sur les côtés ce vêtement sacerdotal dont on n'a conservé que les deux pans ornés.

Du Cange cite, de l'époque d'Édouard II, une *chasse* ou *chas* de Duffeld, dans laquelle fut pris un daim (2), ce qui ne laisse pas de doute sur la spécialité de ce mot, maintenant totalement oublié dans le sens que je lui attribue.

Le sas d'une écluse, auquel Bullet donne pour synonyme le mot *chas*, *jas*, n'est-il pas une indication de la disposition en entonnoir des bassins dont les eaux s'écoulent vers le moulin par une ouverture rétrécie?

Le mot teutonique *befangk*, composé de *be*, par... et de *fang*, dont la signification multiple comprend les mots capture, chasse, pêche, piége, trappe, défenses de sanglier, griffes, a formé le verbe *fangen*, prendre, arrêter, attraper.

Au moyen âge, *bivanc* et *bivangium* se traduisent par enclos, espace, intervalle. Ne peut-on pas trouver dans les mots Befang, *bifangium*, *ambitus*, *septum*, des dénominations qui s'adaptent à l'intervalle entre les deux haies disposées en V (3).

Les citations faites plus haut d'après Du Cange ne démontrent-elles pas que le bi-

(1) Ex Reg. 132, ch. 50.
(2) Robertus cepit unam damam in *chacea* de Duffeld.
(3) On trouve dans la chronique de Cambrai par Balderic (an 983), dans une charte d'Odon

fang a été considéré à la fois comme enceinte et comme avenue propre à être parcourue.

Cette forme pyramidale n'a-t-elle pas été l'origine du nom de *horn*, qui a, de toute ancienneté, signifié, dans l'idiome germanique et dans l'anglo-saxon qui en dérive, tout objet en *pointe*, la corne de l'animal, un cap (1), une montagne, un cornet (2). C'est ainsi que le coin à fendre le bois donna naissance, chez les Latins, à plusieurs objets ayant la forme pyramidale ou angulaire. Le mot *canton* signifie également un angle. Ainsi le coin de l'œil portait le nom de *canthus oculi*. L'écu du chevalier faisant angle, lorsqu'il s'en servait pour couvrir sa poitrine, était placé *en canton*. — L'angle de l'écu héraldique porte le même nom.

Plusieurs domaines d'Angleterre portent le nom de *horn*; tel est dans l'*Archæologia* (3) un dessin représentant celui nommé *Borstall horn*; le parc qui l'environne, divisé par compartiments anguleux, renferme des daims, et l'on peut voir le tenancier faisant hommage *d'un cornet de chasse* à son seigneur.

Les *wardscorn* étaient, suivant Du Cange, les hommes chargés de faire la warde, ou garde, avec un cornet, ce qu'on nommait le *cornage*. Un auteur anglais, Cam-

---

qu'il *fut fait défense de chasser dans le birang de la forêt*, sans la permission de l'évêque. — Nulla persona *in birangio* predicti foresti nisi cum licentia episcopi venari liceat.....

(1) Tel est le *cap Horn*, pointe de terre figurée, sur les cartes, à la partie du continent américain la plus voisine du pôle antarctique.

(2) Le mot *horn* dans sa modification en *corn* s'applique également au grain de blé dans la langue saxonne; il en est de même du radical *but* ou *bot*, qui indique également un corps terminé en pointe. Tels sont la butte, le bout, la botte de paille ou de foin, la botte du cavalier et le bouton des arbres ou des fleurs. Le fruit du rosier sauvage se nomme *hase-butt*. Le *chassoir*, instrument en pointe émoussée destiné à pousser les chevilles ou clous hors des planches, se nomme *bottcher*. Et si nos boutons d'habits, dans leur forme arrondie, en diffèrent, il n'en était pas de même de ce moyen d'attache des vêtements au moyen âge. Alors un bâton terminé à chaque bout en pointes et offrant à son milieu une encoche pour y fixer le nœud coulant de la lanière servait à maintenir, à serrer la ceinture de l'indispensable vêtement. Aussi dans le patois picard nomme-t-on ce bouton, en forme d'olive, un biguet, *bis-acutus* (aigu aux deux bouts), absolument comme la besaiguë du charpentier.

Les parties plates d'un vase ne pourraient résister à l'effort de toute liqueur en fermentation, aussi la bouteille, *botella*, diminutif de la *bote* ancienne, doit-elle être forcément terminée à chaque bout en pointe; ainsi étaient faites les amphores qu'on était forcé de tenir *debout* enfoncées dans le sable. Celui qui s'avisa de repousser à l'intérieur le fond de la bouteille trancha très-simplement un problème, que plus d'un savant aurait peine à résoudre, si on le lui présentait sous la forme scolastique, à savoir : un corps ovoïde étant donné, le maintenir debout, sans support, et cela sans user du procédé de Christophe-Colomb.

(3) In-4, tome III, Londres.

den (1), a donné à cette coutume pour origine l'obligation, par le tenancier, d'appeler, au moyen de cet instrument sonore, les habitants voisins des frontières pour la défense du territoire. Je crois que, en certains cas, l'*hommage du cornet*, tel qu'on le voit représenté sur le dessin de *Borstall horn*, était un emblème et une indication de l'obligation à laquelle étaient soumis les anciens vasseaux, d'aider *à cor et à cris* leur seigneur lorsqu'il était en chasse (2).

Au nombre des mots dérivés de l'usage de la chasse ancienne, qui se sont conservés sous la forme de figures dans le langage, il en est qui sont usités dans les termes judiciaires. Tels sont le *parc*, le *parquet* et *la barre*; appeler *à la barre* est une expression qui découle de l'existence d'une enceinte fermée, réservée pour le magistrat, c'est citer au tribunal des juges; là se tenaient les audiences en plein air, *sub Dio*. Il en était de même des *malls publics*. Ce fut, dit Haltaus, une sage précaution que d'entourer le prétoire d'un obstacle aux emportements de la partie condamnée, surtout dans les temps où la violence était si souvent la dernière raison des hommes.

Les Allemands ont conservé à l'enceinte du tribunal le nom de *der richter hag*, *haie du juge*. Ordinairement (3), le siége du bailli était entouré d'une balustrade qui le séparait de l'auditoire.

Dans le recueil des ordonnances des rois de France (4), on lit ce qui suit : *Quant li roys de France vendra en parlement, que le parc soit tout vide.*

Lorsqu'une veuve entendait renoncer aux biens comme aux dettes de la succession de son mari, *elle jetait sa ceinture dans le parc*, ainsi que le fit *Jeanne* de Maligny, en présence du parlement de Paris (5).

Un des axiomes de droit rapportés par Loysel dans les institutes coutumières : *Tout ce qui vient à la haie est proie*, a été commenté par les savants jurisconsultes MM. Dupin aîné et Laboulaye comme indiquant le droit, pour les passants, de prendre les fruits pendants aux haies. Comme cette licence ne me paraissait pas conforme aux

(1) *Geographia Britannica*, in-4.

2) Littleton s'exprime ainsi sur ce droit : Il est dit que en ces marches de Scotland aucuns tiennent du Roy par Cornage, c'est à sçavoir pur wentier (pour souffler) un cornu pur gagner hommes des pays quant ils oyent que les Scotes ou autres ennemies veignent, ou voilent entrer en Angleterre.

(3) Procès-verbal de visite de l'abbaye d'Ourscamp en 1662.

(4) Tome 2, page 228.

(5) Suivant une note insérée dans le *Ménagier de Paris*, 1486, in-8.

droits et priviléges inhérents à la propriété, et que, d'ailleurs, Loysel s'occupait principalement des maximes de la jurisprudence féodale, j'exprimai, aux deux auteurs que je viens de citer, mes doutes sur l'interprétation qu'ils avaient donnée à ce passage. L'un et l'autre m'ont autorisé à dire qu'ils ne sont pas éloignés de partager mon avis, à savoir qu'il pourrait bien être question, dans ce paragraphe, du privilége réservé pour les possesseurs des haies de chasse, de la propriété du gibier, une fois qu'il était interné dans la première partie de l'appareil.

Ainsi la partie comprise entre les haies portait le titre de *défens* (*defensum*) (1); ou ce qu'on nomme, en terme de vénerie, *le fermé*. D'ailleurs d'après le texte des *ancient tenures* (p. 167), si une bête blessée d'une flèche entrait dans le parc, on pouvait envoyer, pour l'y chercher, un homme ou deux, mais *sans arcs ni flèches*, et on devait, au préalable, appeler le gardien de la haie.

L'enclos du tournoi formé par des barrières ou des palissades se nommait *le parc*. On lit dans le Roman du châtelain de Couci (2) :

> Là veist-on sour hourdéis
> Dames vestues de samis
> D'orfrois et de pourpres parées:
> Noblement furent acesmées,
> Lor biautés *le parc* enlumine
> . . . .
> Li dus vint *eu parc* vistement
> Couvert d'unes armes d'argent.

Serait-il possible de rétablir en certains lieux les appareils de chasse à la haie, sinon comme moyen ordinaire, du moins pour varier les plaisirs de la capture des grands animaux des bois?

Je laisse à qui de droit, je veux dire aux possesseurs de grands domaines, à décider sur ce point, suivant l'agrément qu'ils pourront s'en promettre et pour eux et pour leurs amis.

Pour le triage du gibier, ce peut être chose utile, car le *parc-prison* peut lui-même être divisé par de simples filets tendus en travers des passages, de manière à

(1) Du Cange à ce mot cite le *Monasticon anglicanum*, t. II, p. 114 : « Si ego meos porcos in *parco* meo, vel in *haia* vel in aliquo alio *defenso* ponerem, etc... » On cite souvent dans le Cartulaire d'Ourscamp les *défens de Thorote*.
(2) Vers 1072.

tenir encloisonnées, dans la plus stricte expression du mot, les pièces dont on aurait la volonté de s'emparer.

Puis les bêtes qu'on désirerait conserver pourraient, par une manœuvre inverse, être *chassées* vers l'entre-deux des haies et refoulées ainsi dans la forêt pour s'y trouver en toute liberté.

Quelques pans de haies vives, avec adjonction de panneaux au passage des routes, suffiraient pour obtenir la réunion du gibier au point choisi.

Je termine en citant textuellement le livre de Robert Monthois Arthisien, *sur la chasse aux loups* (1). Cet auteur offre sa naïve leçon à ceux qui sont portés à *ce royal déduict*, qui est, dit-il, la *plus belle et plaisante chose*. Il indique l'*estrique* pour battre les buissons, puis le *trictrac* et *charivari* pour l'amener aux lieux où sont placés les piéges. Enfin il ajoute : « Voilà succinctement ce que j'avais à te dire (chasseur mon ami), tu en pourras faire les épreuves en conformité ; et les suivant de point en point, tu auras de l'honneur, ton maistre du plaisir, et le peuple un très-grand repos et support. »

A mon tour je viens vous prier, ami lecteur, s'il vous arrivait un jour de faire un essai de *chasse à la haie*, de me réserver, pour une fois seulement, une petite place dans l'un de vos berceaux de chasse.

(1) In-12, Ath, 1642.

NOTES.

NOTE A (page 3).

Comme il pourrait se rencontrer quelque chasseur qui ne connût pas le malin conte de Voltaire et n'eût pas le livre sous la main, je transcris ici le chapitre intitulé LE CHIEN ET LE CHEVAL.

Zadig, retiré dans une maison de campagne sur les bords de l'Euphrate, se promenant un jour auprès d'un petit bois, vit accourir à lui un eunuque de la reine, suivi de plusieurs officiers qui paraissaient dans la plus grande inquiétude et qui couraient çà et là comme des hommes égarés qui cherchent ce qu'ils ont perdu de plus précieux. Jeune homme, lui dit le premier eunuque, n'avez-vous point vu le chien de la reine? Zadig répondit modestement : c'est une chienne et non pas un chien. Vous avez raison, reprit le premier eunuque. C'est une épagneule très-petite, ajouta Zadig; elle a fait depuis peu des chiens; elle boite du pied gauche de devant; elle a les oreilles très-longues. Vous l'avez donc vue? dit le premier eunuque tout essoufflé. Non, répondit Zadig, et je n'ai jamais su si la reine avait une chienne.

Précisément dans le même temps, par une bizarrerie ordinaire de la fortune, le plus beau cheval de l'écurie du roi s'était échappé des mains d'un palefrenier dans les plaines de Babylone. Le grand veneur et tous les autres officiers couraient après lui avec autant d'inquiétude que le premier eunuque après la chienne.

Le grand veneur s'adressa à Zadig et lui demanda s'il n'avait point vu le cheval du roi. C'est, répondit Zadig, le cheval qui galope le mieux; il a 5 pieds de haut, le sabot fort petit; il porte une queue de 3 pieds et demi de long; les bossettes de son mors sont d'or à 23 carats; ses fers sont d'argent à 11 deniers. Quel chemin a-t-il pris? où est-il? demanda le grand veneur. Je ne l'ai point vu, répondit Zadig, et je n'en ai jamais entendu parler.

Le grand veneur et le premier eunuque ne doutèrent pas que Zadig n'eût vu le cheval du roi et la chienne de la reine ; ils le firent conduire devant l'assemblée du grand desterham, qui le condamna au knout et à passer le reste de ses jours en Sibérie.

À peine le jugement fut-il rendu, qu'on retrouva le cheval et la chienne. Les juges furent dans la dure nécessité de réformer leur arrêt ; mais ils condamnèrent Zadig à payer 400 onces d'or pour avoir dit qu'il n'avait pas vu ce qu'il avait vu. Il fallut d'abord payer cette amende ; après quoi, il fut permis à Zadig de plaider sa cause au conseil du grand desterham. Il parla en ces termes :

« Étoiles de justice, abîmes de science, miroirs de vérité, qui avez la pesanteur du plomb, la dureté du fer, l'éclat du diamant et beaucoup d'affinité avec l'or ; puisqu'il m'est permis de parler devant cette auguste assemblée, je vous jure, par Oromade, que je n'ai jamais vu la chienne respectable de la reine, ni le cheval sacré du roi des rois. Voici ce qui m'est arrivé : je me promenais vers le petit bois où j'ai rencontré le vénérable eunuque et le très-illustre grand veneur. J'ai vu sur le sable les traces d'un animal, et j'ai jugé aisément que c'étaient celles d'un petit chien. Des sillons légers et longs imprimés sur des petites éminences de sable entre les traces des pattes m'ont fait connaître que c'était une chienne dont les mamelles étaient pendantes, et qu'ainsi elle avait fait des petits il y a peu de jours. D'autres traces en sens différent, qui paraissaient toujours avoir rasé la surface du sable à côté des pattes de devant, m'ont appris qu'elle avait les oreilles très-longues, et, comme j'ai remarqué que le sable était toujours moins creusé par une patte que par les trois autres, j'ai compris que la chienne de notre auguste reine était un peu boiteuse, si je l'ose dire.

« À l'égard du cheval du roi des rois, vous saurez que, me promenant dans les routes de ce bois, j'ai aperçu les marques de fers d'un cheval ; elles étaient toutes à égales distances. Voilà, ai-je dit, un cheval qui a un galop parfait. La poussière des arbres, dans une route étroite qui n'a que 7 pieds de large, était un peu enlevée, à droite et à gauche, à 3 pieds et demi du milieu de la route. Ce cheval, ai-je dit, a une queue de 3 pieds et demi, qui, par ses mouvements de droite et de gauche, a balayé cette poussière.

« J'ai vu, sous les arbres qui formaient un berceau de 5 pieds de haut, les feuilles des branches nouvellement tombées, et j'ai connu que le cheval y avait touché, et qu'ainsi il avait 5 pieds de haut.

« Quant à son mors, il doit être d'or à 23 carats, car il en a frotté les bossettes contre une pierre de touche, et dont j'ai fait l'essai. J'ai jugé enfin, par les marques que ses fers ont laissées sur des cailloux d'une autre espèce, qu'il était ferré d'argent à 11 deniers de fin. »

Tous les juges admirèrent le profond et subtil discernement de Zadig ; la nouvelle en vint jusqu'au roi et à la reine. On ne parlait que de Zadig dans les antichambres, dans la chambre et dans le cabinet, et, quoique plusieurs mages opinassent qu'on devait le brûler comme sorcier, le roi ordonna qu'on lui rendît l'amende de 400 onces d'or à laquelle il avait été condamné.

Le greffier, les huissiers, les procureurs vinrent chez lui en grand appareil lui rapporter ses 400 onces ; ils en retinrent seulement 398 pour les frais de justice, et leurs valets demandèrent des honoraires. Zadig vit combien il était dangereux quelquefois d'être trop savant, et se promit bien, à la première occasion, de ne point dire ce qu'il avait vu. Cette occasion se trouva bientôt. Un prisonnier d'État s'échappa. On interrogea Zadig ; il ne répondit rien, mais on lui prouva qu'il avait regardé par la fenêtre. Il fut condamné, pour ce crime, à 500 onces d'or ; et il remercia ses juges de leur indulgence, selon la coutume de Babylone. Grand Dieu ! dit-il en lui-même, qu'on est à plaindre quand on se promène dans un bois où la chienne de la reine et le cheval du roi ont passé ! Qu'il est dangereux de se mettre à la fenêtre, et qu'il est plus difficile encore d'être heureux dans cette vie !

J'ajoute à ceci l'anecdote suivante, qui m'a été contée et donnée pour vraie :

Un jour, un honnête habitant de l'une des contrées du nord de l'Amérique, un chasseur, canadien, je crois, rentrant à son domicile, s'aperçoit qu'un jambon qu'il avait accroché dans l'intérieur de sa large cheminée, pour l'y laisser boucaner, avait disparu. Je trouverai bien le voleur, dit-il à l'un de ses voisins. Vous l'avez donc vu ? reprend celui-ci. Non, fait l'autre ; mais c'est un petit homme blanc et vieux ; il a un grand chien jaune avec la queue à longs poils. Peu de jours après, il avait effectivement mis la main sur son homme, qu'on trouva nanti de la pièce de conviction.

Le voisin voulut connaître d'où partaient des renseignements qui l'avaient si bien servi pour retrouver sa chose; l'autre lui dit : je suis de grande taille; j'avais planté le clou à la plus haute portée de mes bras. Pour soulever et décrocher le jambon, le voleur fut obligé de grimper sur mon escabeau, qui laisse sur le sol, légèrement humide, une empreinte de ses trois pieds.

L'homme avait un chien qui, se tenant assis, regardait son maître occupé, et se repaissant à l'avance du plaisir d'avoir un morceau de la proie; il témoignait de sa joie en agitant sa queue et balayant le terrain : je vis parfaitement, sur la cendre, la marque de sa forme et la taille de l'animal. Quelques longs poils jaunes me firent savoir la couleur de son balai.

Dans l'avenue, je vis par la marque des pas l'aller et le retour d'un homme; il n'était pas chaussé; c'était un vieillard, car il appuyait le talon en marchant; c'était un blanc, car il marchait la pointe du pied en dehors.

Comme on le voit le signalement était complet.

P. D.

NOTE B (PAGE 13).

Il s'agit, comme on sait, d'un hardi lièvre qui gênait un pauvre jardinier ; ce qui *fit qu'au seigneur du bourg notre homme se plaignit. Le seigneur vient :*

> La trompe et les cors font un tel tintamarre
> Que le bonhomme en est étonné.
> Le pis fut que l'on mit en piteux équipage
> Le pauvre potager : adieu, planches, carreaux.
> Adieu, chicorée et poireaux,
> Adieu de quoi mettre au potage.
> Le lièvre était gîté dessous un maître chou.
> On le quête, on le lance; il s'enfuit par un trou,
> Non pas trou, mais trouée horrible et large plaie,
> Que l'on fit a la pauvre haie
> Par ordre du seigneur; car il eût été mal
> Qu'on n'eût pu du jardin sortir tout à cheval.
> Le bonhomme disait : Ce sont là jeux de prince.
> Mais on le laissait dire; et les chiens et les gens
> Firent plus de dégât en une heure de temps,
> Que n'en auraient fait en cent ans
> Tous les lièvres de la province....

(Livre V, Fable IV.)

FIN.

IMPRIMERIE D.. M V BOUCHARD-HUZARD, RUE DE L'ÉPERON, 5.